SI ALGUNA VEZ DEJAMOS DE HABLAR

(Y NO SABES CÓMO REGRESAR)

SI ALGUNA VEZ DEJAMOS DE HABLAR

(Y NO SABES CÓMO REGRESAR)

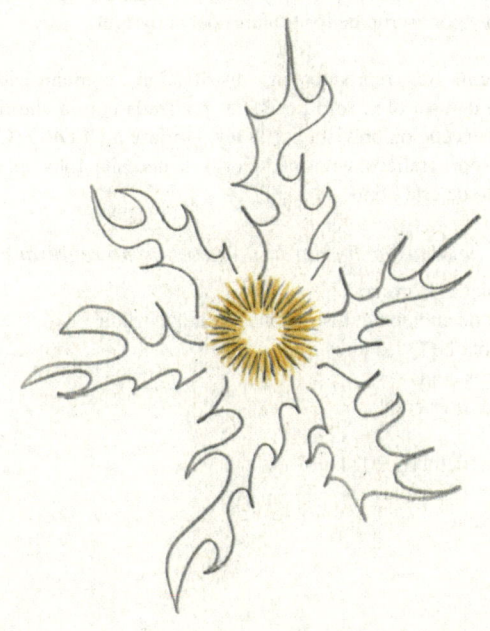

Si alguna vez dejamos de hablar (y no sabes cómo regresar)
©Del texto: Asier P. Borrego
©De la imagen de cubierta e ilustraciones: Alaitz Urrutia
©De esta edición: NPQ Editores
www.npqeditores.com
edicion@npgeditores.com

Primera edición: octubre, 2024

Impreso en España

Los papeles que usamos son ecológicos, libres de cloro y proceden de bosques gestionados de manera eficiente.
ISBN: 978-84-10453-05-0
Depósito legal: V-3583-2024

*A quienes vais a leerme y a quienes, en todo este proceso de
creación, me habéis leído (y corregido) ya.
A todas aquellas personas que han dejado parte de su esencia en mí,
siendo partícipes fundamentales de esta historia.
Y a mí mismo, por ser capaz de desnudarme.
Este libro supone la victoria de un perdedor habitual.*

La vida no es la que uno vivió,
sino la que recuerda y
cómo la recuerda para contarla.

GABRIEL GARCÍA MÁRQUEZ.

1. TEORÍA SOBRE LA RELATIVIDAD DEL TIEMPO

Esta historia comenzó a escribirse sola un 11 de abril de 1986, la última vez en que el cometa Halley visitó, de cerca, el número 2 de la plaza Músico Gorostiza. Desde ahí, el pequeño Xabier, a sus casi ocho años, observaba asombrado el espectáculo celeste, al tiempo que le prometía, a su nuevo amigo, un reencuentro en el siguiente paso de su ciclo orbital. Para él, desde ese instante, la vida sería aquello que ocurriese entre el ir y venir del cometa. Una continua contradicción por querer volver a verlo, pero, sin prisas, disfrutando el camino. Sin embargo, aunque se puede visualizar conversando hacia el firmamento tras setenta y cinco años, satisfecho de haber cumplido con el pacto establecido, no podía evitar sentir miedo por el cómo.

—¿Y si este periplo orbital no es para tanto, al menos para ti, querido Halley? —se repetía.

Curiosamente, a finales de 2023, el astro alcanzó su afelio, el punto más alejado del sol, situado a cinco mil millones de kilómetros; treinta veces la distancia entre el rey del sistema solar y nuestro pequeño planeta azul.

—Tenemos treinta y ocho años aún, Halley, media vida —insistió Xabier—. ¿Será suficiente?

2. LOS SERES DE ABRIL

Reside algo mágico en los seres de abril;
la inefable conexión entre quienes forman parte
de un mismo viaje iniciático.

Un punto de partida vital.

«Something like you love me».

Believe, Mumford & Sons

3. LO COTIDIANO

Un café
sobre la arena del amanecer.
Un domingo
tratando de aprender al ajedrez.

Una película de Kaurismäki
en plan cultureta
o la copa de vino
mientras cocinamos la cena.

Conversar
acerca de feminismo y política,
el último libro de Balmes, Elvira
o el de Guille Galván.

Música,
para sentirla y cantar,
reírla y bailar,
de fuera hacia adentro (por)
o de dentro hacia afuera (con).

Y reflexiones
sobre asuntos importantes
de apariencia banal,
como la órbita de Halley
a través del sistema solar.

(Quizás una vida no será suficiente,
al menos para Xabier).

4. CASA

Refugio,
como el caparazón de la vieja tortuga en los días raros.

Como las canciones, como esa canción.

«Aún quedan vicios por perfeccionar».

Los días raros, Vetusta Morla

5. YO (PARTE I), LA ZONA DE CONFORT

El anhelo de encontrar
la clave que descifre todo,
la señal que haga encajar
cada pieza en su lugar.
Cual epifanía
o cuadratura del círculo genial.

Mientras,
permanezco en estado de tránsito
por zonas de confort estables.
Efímeros vínculos duraderos,
volátiles,
altamente inflamables.

Vuelvo a ser yo y abandono,
dejando todo a medio terminar

                                    (o medio comenzar).

Desordenado, caótico.
Autodestructivo, lo habitual.

6. ... 5117...

No contaba con tu llave
ni el mechero ni el hilo rojo
del que estirar para abrir el cofre.

Enterremos recuerdos,
salgamos indemnes.

7. HAZLO

Al filo del precipicio,
saltar o volver atrás.
Hacerlo,
sentirse vivo, esencial.
Aun sin pista en que aterrizar.
Retroceder,
renuncia vital.
Seguridad,
tristeza mental.

8. MI PROPIA BRUMA

Quisiera regresar,
mi ciudad mental particular.
Como el poeta a la letra
o el compositor a sus canciones.

«Uno es del lugar al que quiero volver».

A medio centímetro, Leiva y Ely Guerra

9. PERFECCIÓN

Como expectativa.
Igual que la felicidad, subjetiva.
Selectiva.
Idéntica a las prioridades
y las decisiones importantes.

10. YO (PARTE II)

Emoción, empatía, amor.
Cicatriz
y epifanías periódicas
a modo de adaptación.

11. ÁMBAR

Sutil,
sueños que conservas al despertar
y desvanecen según el día se va.

Fugaz,
cruce de caminos
de semáforos en ámbar.
De verde a rojo.
Stop.

Asier P. Borrego

Ilustraciones por Alaitz Urrutia

12. LA ESENCIA DE LO EFÍMERO

Lugar de momentos mágicos,
espacio de la primera vez.
Cofre del que rescatar
visiones iniciáticas
o una primera impresión.

Una versión original
de abrazos apretados
y escenas eliminadas.
Banda sonora sin canción
o comentarios del director.

13. ORFIDAL

Hay días en que no recuerdo
el lugar desde el que vengo.
Me sorprendo en tránsito
por oscuros pasadizos,
angostos pasillos.
Y arrojo la toalla
como forma de sentir que lo tengo,
el control.
Pero sé que no.
No soy quien domina el balón
ni ejerzo el juego de la posesión.
Permito a la delantera rival el ataque
con la esperanza de que pronto se canse,
o de que en nada se marche.
Hay días en los que siento
no haber avanzado nada.
Me sorprendo,
vuelvo a observar la vida
desde la pastilla de salida.
Insert coin, nueva partida.

14. ESCRIBO

Para Halley (o Edith).
En lápiz y papel,
sin saber quién eres
o desde dónde vienes,
si todo esto quedará en un cajón
o será carpeta compartida.

15. ENTRE LÍNEAS

Debes estar,
cual objeto de inspiración.
Entre líneas
o sutiles silencios de una canción.

¿Desea agregar espacio entre párrafos?

16. DARK

Será, como las olas del mar.
Big bang de bucle infinito.
Y ya no sé situar el inicio
ni el fotograma de la escena final.

17. PARADA SOLICITADA

Coincidir en la nada,
tren con parada solicitada.
Cruce de caminos fugaz
y semáforos en tránsito,
prohibido cruzar.

18. PETRICOR

Aroma de lluvia,
petricor.
Alegoría de la calma,
historias clandestinas
y elementos en creación,
narrados en (im)perfecta caligrafía.

Reflejos del caos anterior.

19. YA NO SOY QUIEN NARRÓ TODO ESTO

Escribo para dejarme atrás
y olvidar imágenes estáticas,
imposibles de trasladar
a un nuevo espacio temporal.

Para caminar,
reiniciar.

Para mí o el resto del elenco.
Actualizar, reestructurar.
Dejar hueco y vaciar.
Trascender, alimentar mi ego
o tratar de impresionar.

(Como renuncia de lo que no quiero cargar,
dejando espacio a lo nuevo).

20. *SEIJAKU* (CALMA EN MEDIO DEL CAOS)

La vida desde otro lugar,
más sencillo.
Menos conflictivo
conmigo y el contexto.
Paz mental:
nueva epifanía estacional.

21. PLANO SECUENCIA

Aproximarse, sin prisas.
Verificar la conexión de energía
o comprobar el encuadre en la fotografía.
En presente, plano secuencia.
Enfocarse, la vida.

22. PARTE III

Eviterno fin del mundo,
epílogo entre guerras.
Tregua, volemos.
De nuevo.

(Un fin del mundo no necesariamente ha de ser negativo).

«Y tú bailabas y no sabías,
que el mundo entero se destruía.
Que al veros juntos,
por un segundo».

El fin del mundo, La La Love You y Axolotes Mexicanos

23. SINFÍN

La eternidad de instantes.

La eternidad de instantes
que no por efímeros caducarán.

La eternidad de instantes
que no por efímeros caducarán
y te trasladan en bucle.

La eternidad de instantes
que no por efímeros caducarán
y te trasladan en bucle
a tiempos no resueltos, sin final.

24. DIPLOMA OLÍMPICO

Nadadoras olímpicas sin calle fija.
Cada bocanada,
AIRE,
una brazada más
de impulso innecesario;
no hay tiempo al que ganar.

«Mírame, soy feliz, tu juego me ha dejado así.
Consumir, producir, la sangre cubre mi nariz».

Un día el mundo, Vetusta Morla

25. ASINCRONÍA

Obsesionado por encontrar
un espacio donde permanecer,
te detienes en lugares desde
los que no cabría mirar.
Como si encontrar la sincronía
te desvistiera de tu propia esencia.
No existe la cuadratura perfecta.

Vuelves la vista hacia atrás
con la incógnita feroz
de no saber cómo has llegado hasta acá.
Contra todo pronóstico,
tras años en idéntico vagón.

Y te instalas en la absurda certeza
de que la próxima parada será definitiva,
que abandonarás los senderos de incertidumbre
que no te permiten accionar el pulsador.

Stop.

Creyendo que
cada nueva estación te ofrecerá
un buen pretexto por el que pulsar
la tecla que active la salvación.

26. EL BAILE DE LA VICTORIA

¿Y cómo sería una victoria carente de derrotas previas?

Sin sabor a merecida.
Ni emoción por haber transitado
senderos de neonato color,
alterando el punto de vista
al volver atrás el ojo avizor.
Ni ficticias expectativas
altamente optimistas
venidas a mejor vida,
gracias al enfoque
de una nueva perspectiva
o sin el regusto oxidado
del brotar de la sangre,
y esa sensación de alivio
al desanudar el alambre.

Asier P. Borrego

Ilustraciones por Alaitz Urrutia

27. LA TEORÍA DEL ELEFANTE

E.T. (el extraterrestre) flanqueaba las puertas de mi ima-
ginación desde su privilegiada posición; ya dentro, Clint
Eastwood, Dumbo, la vieja Morla y la IA buena de *Yo, robot* se
presentaban ante mis ojos y yo, con la inocencia de un chaval,
gritaba cada figura que me mostraba aquel paisaje. Recuer-
do haber hecho esto en múltiples lugares; a saber: la cara de
Jesucristo, un mono, un indio acostado, un cocodrilo o el co-
meta Halley. Un don absurdo, supongo, pero, al fin y al cabo,
un don.
Prometía ser un viaje digno de película, pero no, tú no las
veías. Yo solo necesitaba unos segundos, como cuando los ni-
ños ven figuras en las nubes o los enamorados sienten maripo-
sas en el estómago; no son, no están. Pero sí lo son y sí están
y tú no, tú mirabas las rocas y te volvías hacia mí con cara de
negación mientras, encogida de hombros, me animabas a salir
de aquel lugar tan mágico, a remar hacia la zona de las cosas
que son de verdad y es posible que, en ocasiones, las cosas de
verdad sean así de simples.

Simples como quedarse donde residen aquellos que ven idénticos elefantes que tú, esculpidos a voluntad de la naturaleza en las rocas del camino entre playas que recorramos o carreteras por las que transitemos; como elementos de un mismo código íntimo, cómplice, nuestro, secreto. Chispazos que convertirán una historia sencilla en algo digno de recuerdo. Los demás lugares no son, por más que hagamos ejercicios de encaje, cuadrantes y replanteamientos estructurales. Si no hay elefantes, ahí no es.

Asier P. Borrego

ÍNDICE:

OTOÑO:

INVIERNO:

28. SÁBANAS LIMPIAS

Y hacer desaparecer
aromas, recuerdos,
todo de una vez.
Cercenando de un plumazo
el intenso sabor a breve,
de la noche que hicimos el amanecer
desde aquel rincón exquisito.

«Donde, me sentaba yo, te escribo desde donde
me sentaba yo».

Rincón Exquisito, Second

29. MULTI VERSO

Perecedero,
como vidas que quedan para siempre
en una espiral de historias que,
si pudieron,
no existieron.

Dando por segura subsistencia
infinitas realidades alternativas,
de vidas al azar concebidas
en la ficción de este multi verso.

La Playlist:

1. *Believe*, Mumford & Sons.
2. *Los días raros*, Vetusta Morla.
3. *A medio centímetro*, Leiva, Ely Guerra.
4. *El fin del mundo*, La La Love You, Axolotes Mexicanos.
5. *Un día en el mundo*, Vetusta Morla.
6. *La salvación*, Arde Bogotá.
7. *Rincón exquisito*, Second.
8. *Ara és estiu cada desembre*, Ginestà
9. *La vuelta al mundo*, Calle 13.
10. *El poeta halley*, Love of Lesbian.
11. *El bien*, Viva Suecia.
12. *Copenhague*, Vetusta Morla.
13. *Como los pájaros*, Serko.
14. *There is a Light that Never Goes Out*, The Smiths.
15. *Tocarte*, Jorge Drexler, C. Tangana.
16. *20 de abril*, Celtas Cortos.

Asier P. Borrego

Ilustraciones por Alaitz Urrutia

30. ESTIU

Es ver amanecer,
semidesnudos,
desde una cama
a medio deshacer.
Una vieja tumbona de playa
emparentada a una sombrilla a rayas.
La nevera llena de latas, Gublins
y un bote de piparras.
El *parking* del Racó,
a las 6 de la mañana
o el merendero del Bol Nou,
los jueves tarde con las brasas.
Conducir la Vespa
hasta las calas de Benissa
y (de)tener el tiempo;
todo el del mundo para ser.

«Si soc al millor lloc del món».

Ara és estiu cada desembre, Ginestà

31. LODO

Poso sedentario,
volátil.
Agitado hasta enturbiar
escenas de clarividente visión.
Como mecanismo de defensa,
luz roja que nos alerta.

Y aguardar a ver el lodo
ser de nuevo fondo,
una realidad alternativa.
Con la calma,
en modo ahorro de energía.

32. VÍA MUERTA

La de este poema ficticio
de opiniones correctas
y destino como objetivo.
Historia ya escrita,
pensamiento único.
El sistema no es tu enemigo.

«Si quieres cambio verdadero, camina distinto».

La vuelta al mundo, Calle 13

33. RESTABLECER LA CONTRASEÑA

Lo que quepa en una maleta,
reiniciar,
merezca o no la pena.
En cualquier otro lugar
o alternativo espacio temporal.
Novedad,
aroma de primera oportunidad.

¿Desea restablecer la contraseña?

34. CORPORACIÓN UMBRELLA

No es necesario anudar tan duro
ni asir la cuerda con tal vehemencia.
Aprieta.
Como grillete en el recluso,
la sangre que no circula,
aquello que no sabes dejar ir
o el virus T de la Corporación Umbrella.

¡Suelta!

35. ADICCIÓN

Rechinas los dientes
creyendo en un esfuerzo adicional
como elemento redentor.

La búsqueda de un desértico oasis,
el instante que antecede al desastre
y la épica oculta en cada despedida.

36. ¿PARA QUÉ?

Ojalá hayas leído
entre las líneas de mi mirada.
Que no haga falta hablar de la verdad,
y que todo fluya,
que transcurra por su inercia.
Como suceden los eventos puntuales,
ni después ni antes.
O si no, ¿para qué?

«Si las palabras se atraen, que se unan entre ellas
¡Y a brillar! Que son dos sílabas».

El poeta Halley, Love Of Lesbian

37. NO OLVIDES (NOTA IMPORTANTE)

La fuerza de lo que llega para cambiar todo,
nuevos inicios en tiempos revueltos.
Punto de inflexión como eje y engranaje
o el mecanismo que hará girar el rumbo,
en el sentido adecuado, en el inesperado.

Nota importante:
«No olvides dejar espacio en la vida para lo que llega a
remover tu mundo».

38. LO QUE ME VOY A TENER QUE CALLAR

Que la puntualidad es virtud
y me recuerdas a una famosa cantante.
Eso me gusta, que me gustas.
Que nos hemos tenido que ir,
quizá para siempre,
cuando todo se empezaba a poner interesante.
Que las personas se acaban cruzando para algo,
lo que no sé es para cuánto;
aunque eso, ahora, resulte irrelevante.

«La verdad es que nada es tan importante».

El bien, Viva Suecia

39. IDA O RETORNO

Dudar si, en realidad,
esto es un viaje
de ida o retorno,
al momento y lugar
en que se pudo,
pero no se fue.

40. LA HIPÓTESIS DE LO IMPERMANENTE

ɹǝɔouoɔǝᴚ(se), como si no nos hubiéramos visto jamás y nunca nadie nos hubiese hablado a uno acerca del otro. Como si aquel mensaje del día siguiente al concierto no se hubiera redactado (ni enviado). Sin las expectativas generadas ni la presión de tener que encontrarnos fuera de nuestro tiempo, un tiempo que les pertenecía a otros. Aunque, en realidad, yo ya dejé de ser aquel del que un día te dijeron: «este chico te va a encantar», ¿y tú? Tú ya no eres aquella en quien yo creí.

Aun así, a pesar de que solo fuimos imágenes estáticas, simples visiones ajenas de lo que debería haber ocurrido o, en definitiva, una primera impresión desencajada, no hay motivo por el que alarmarse. Por suerte, somos impermanentes, un *frame* inconexo que nos permite volver al preci(o)so instante previo al inicio. Ahí, donde suenan los primeros acordes de *Copenhague* y nos transformamos en canción, capaces de interpretar la melodía adecuada a ese tempo y compás, desde una perspectiva diferente; unas veces desde la nostalgia y, otras, desde la magia de volver a conectar en un simple abrazo. Una suerte de viaje en el tiempo, a un tiempo que, por esta vez, sí nos pertenezca.

Asier P. Borrego

Ilustraciones por Alaitz Urrutia

41. MORIR DOS VECES

Lo positivo de recaer,
si se ha muerto en ella,
es la imposibilidad
de hacerlo dos veces
en aquella misma orilla.

«To die by your side is such a
heavenly way to die».

There is a Light that Never Goes Out, The Smiths

42. LO CIERTO

Es que somos distintos,
ajenos a lo que fuimos.
Aunque algo de lo nuestro
haya permanecido.

                                        Intacto.

Cual negativo revelado
de una vieja fotografía.
Retornando,
en nuevo instante a la vida.

43. DE HABERLO SABIDO

Te hubiera abrazado más prieto
y besado más sensual.
Hubiéramos vuelto a no dormir
por contar lunares en tu espalda,
hasta deshacernos.
Y librarnos de ropa y palabras.
Hasta que, al separar los labios,
los ojos se pudieran volver a ver
y conversar entre ellos.
Asumiendo el riesgo de ser efímeros
y retomar nuestro estado habitual.

44. EL AMOR

El preci(o)so instante en que empiezas
a comprender, interiorizar
y a reconocerte en la poesía de otro.

«HISTORIAS

No las escriben los vencedores,
solo quien necesita contarlas».

Retrovisores, Guille Galván

45. EL PASADO

Solo te puede alcanzar
aquello que te detienes a esperar.

46. EL EGO

En estado de tránsito,
deambulando hacia espacio seguro.
Obviando secuelas de otro envite
o si quedará algo salvable
entre restos del nuevo naufragio.

Leí por ahí que
no es posible morir dos veces;
dos veces en una misma orilla.
Uno puede ser un zombi
y estar muerto en vida.
Pero, ¿volver a morir?,
¿dos veces?, imposible.
O, al menos, eso parecía.

«—¿Sabe lo mejor de los corazones rotos?
—preguntó la bibliotecaria.
Negué.
—Que solo pueden romperse de verdad una vez.
Lo demás son rasguños».

El juego del ángel, Carlos Ruíz Zafón.

47. LOS AÑOS

Pasaron diez
y pasarán diez años más.

Estaré, no tan intenso.
En concreto,
diez años menos.

48. LA VECINA

¿Y si de una vez por todas nos sentamos,
fumamos y lo arreglamos?

Dejamos de mirar atrás
(diez paréntesis consecutivos después),
como si el daño fuera irreparable
o no existiera un futuro posible.

Queda media vida, media vida entera, vecina.
Y no quiero seguir fingiendo distancia,
mientras muero de euforia por dentro.

¿Cómo iba a imaginar que seguías aquí?
Adentro.
¿Y ahora?
Ahora todo me huele a ti, vecina.
A café americano
con hielo y sin azúcar,
recién hecho.
Tostadas con queso y jamón
o mantequilla,
como en la primera edición.

¿Y ahora?
Ahora solo es casa cuando estás aquí, vecina.
El sofá ha vuelto a su lugar de antes,
existe un *post-it* con el mensaje:
«los pensamientos son realidades»
y tocarte,
tocarte es de nuevo una canción de Drexler.

49. LOS RECUERDOS

Material para el drama
o el poema en cuestión.

50. (NO) ME GUSTAS

(No) me gustas y (no)
es buen momento para cambiar de contexto.
Por más que nos empeñemos en lo opuesto,
por mucho que creamos en lo de:
«todo ocurre por esto o aquello».

(No) me gustas y (no)
es buen momento para cambiar de contexto;
más bien lo contrario.
(No) puedo ser más claro, de verdad lo siento.

51. LA EQUIDISTANCIA PROGRAMADA

Asusta parar porque no sabemos si en algún momento te vas a querer ir o me voy a tener que marchar y ni gusta cuando te vas, ni tener que abandonar (da igual el sentido que le demos a esta frase). Por eso, en ocasiones, damos la sensación de estar huyendo de un nuevo intento; por eso, únicamente nos acercamos en momentos en los que somos incapaces de medir distancia y consecuencias (los dos sabemos qué ratitos son esos). De ahí esta equidistancia, esta especie de caja del gato de Schrödinger en la que nos encerramos a modo de zona de confort, y ya no sé si es que no estamos teniendo en cuenta el punto de vista común (de manera intencionada o de forma subconsciente) o si, en realidad, lo que da miedo es que no estemos listos porque ni tú sabes si puedes parar conmigo, ni yo hacerlo contigo... Todo por proyectar unas consecuencias que en alta probabilidad no serán, para bien o para mal; todo por enfocarnos más en lo que pudiera ocurrir que en lo que está sucediendo ya.

«Saber, con absoluta certeza, que uno está transitando el camino adecuado. A pesar de sentir que, por momentos, deambula absolutamente perdido».

52. LA VUELTA DE HALLEY

Pasó diciembre amigo estelar.
Traspasaste el afelio,
has dado inicio
al trayecto de regreso.
¿Por aquí? Todo igual,
pero distinto.
Como en *20 de abril* de los Celtas.

Aprendiendo a cuidar del tiempo,
a ser uno mismo
y convivir con el resto.
Sin dejar de tantear la ca(l)ma,
hasta encontrar la armonía
que dé sentido a la trama.
Indagando espacios comunes
entre contradicciones y dramas.

Por eso cierro aquí esta etapa,
porque ya estás de vuelta
y necesito preparar la vida,
vivirla para contarla.

Nos vemos en el perihelio.

Ilustraciones por Alaitz Urrutia

EPÍLOGO:

Esto no es más que una instantánea mental de recuerdos más o menos ciertos, únicos, posiblemente mezclados y parcialmente inventados. Reales, ficticios. Ni tan siquiera yo me aclaro. Lo que sí fueron verdades son las emociones que todos estos *frames* han producido aquí dentro.

De eso trataba el invento, de plasmarlos. Sin más ambición en el intento.

SI ALGUNA VEZ DEJAMOS DE HABLAR

(Y NO SABES CÓMO REGRESAR)

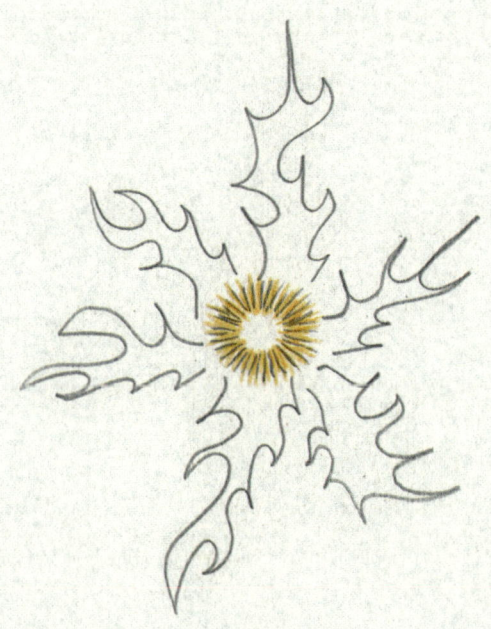

NPQ
Editores